Mutters Marmeladenrezepte

area

Mutters Marmeladenrezepte

Autorin: Gisela Muhr für NOVA Libra medien, Köln
Einbandgestaltung: Derek Gotzen für NOVA Libra medien, Köln
Layout & Satz: Derek Gotzen und Ulrike Jasser für NOVA Libra medien, Köln

Druck und Bindung: Reálszisztéma, Dabas

Gesamtherstellung: area verlag gmbh, Erftstadt

Printed in Hungary 2007

ISBN 978-3-89996-883-5

www.area-verlag.de

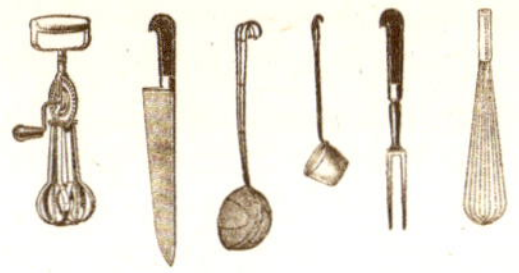

Inhalt

Vorwort

Fangen Sie den Tag mit einer selbst gemachten Marmelade an – sie ist eine Wohltat für Gaumen und Zunge. Der Genuss von selbst gekochter Marmelade auf frischem Brot oder Brötchen wird von Groß und Klein gleichermaßen geliebt. Frische Erdbeer-, Kirsch- oder Aprikosen-Marmelade bereichern jeden Frühstückstisch und lassen als Aufstrich zu frischem Stuten oder Platz den Nachmittagskuchen vergessen. Auf den folgenden Seiten finden Sie Marmeladen- und Geleerezepte für fast jede Obstsorte. Vorab ein Tipp: Kaufen Sie nur so viel Obst, wie Sie auf einmal verarbeiten möchten.

Was macht eine gute Marmelade, Konfitüre oder Gelee aus? Man sollte zwar stets nur reife Früchte verarbeiten, beachten Sie jedoch, dass zu reife Früchte oft eine weniger schöne Produktfarbe ergeben. Außerdem kann ein »faules Früchtchen« den Geschmack verderben.

Für jeden Geschmack ist in diesem Buch etwas dabei. Probieren Sie am Anfang eine einfache Erdbeer- oder Heidelbeer-Marmelade oder ein Apfel-Gelee aus. Wenn Sie ein wenig geübt sind, lassen Sie Ihrer Kreativität freien Lauf. Probieren Sie auch außergewöhnliche Kreationen wie Aprikosen-Marmelade mit Thymian und Zitrone oder Mirabellen-Marmelade mit Rosmarin.

Einführung

Die Konfitüre

Im Zusammenhang mit Marmelade spricht man heute auch gerne von Konfitüre. Die Konfitüre (von Französisch *la confiture*) ist ein Brotaufstrich aus Zucker und eingekochten Früchten.

Eine Konsequenz des geeinten Europa ist die an Großbritannien angepasste Bestimmung, dass Marmeladen allein aus Zitrusfrüchten bestehen dürfen. Produkte aus einheimischen Früchten heißen fortan Konfitüren. Der Begriff Konfitüre wurde früher in Deutschland eher selten und ausschließlich für Aufstriche benutzt, die nur aus einer Fruchtsorte hergestellt waren, die übliche Bezeichnung für Fruchtaufstriche war Marmelade.

Da die beschriebenen Rezepte zum Eigenverbrauch und nicht zum Verkauf gedacht sind, beschränken wir uns in diesem Buch auf den Begriff der Marmelade.

Zur Herstellung von Marmeladen und Gelees

Das Zuckerverhältnis

Auf 500 g Obst rechnet man je nach Zuckergehalt der Früchte (je nach eigenem Geschmack mehr/weniger Süße) etwa 375–500 g Zucker oder Gelierzucker (Verhältnis Frucht zu Zucker 1:1 bis 2:1). Je höher der Zuckergehalt wird, desto geringer ist allerdings auch der Fruchtgehalt, was das Fruchtaroma flacher macht. Wird eine längere Konservierbarkeit von Konfitüre, Marmelade oder Gelee gewünscht, sollte mit einem hohen Zuckeranteil gearbeitet werden.
Das Zuckerverhältnis ist wichtig für eine genügende mikrobiologische Haltbarkeit.

Die Zubereitung

Das Einkochen von Konfitüre, Marmelade und Gelee sollte rasch und sprudelnd (Blasenbildung) erfolgen. Durch zu langsames Kochen verlieren die Früchte an Farbe und Aroma. Sie wirken dann unappetitlich und kandieren allenfalls. Um ein Anbrennen der Fruchtmasse zu vermeiden, sollte diese ständig gerührt werden und so lange kochen, bis sie dick und breiig ist. Die Kochzeit darf auf keinen Fall zu lang sein, da sich sonst trotz vermeintlich verbesserter mikrobiologischer Stabilität auch zunehmend negative chemische Erscheinungen zeigen. Auch ist darauf zu achten, dass der Kochvorgang in möglichst großen Töpfen und in kleinen Portionen (nicht mehr als 1 kg Früchte) ausgeführt wird.

Die Gelierprobe

Bevor man »das Fruchtgut« in die sauberen, heiß ausgespülten und gut verschließbaren Gläser füllt, sollte eine Gelierprobe stattfinden. Dazu gibt man etwas von der Fruchtmasse auf einen kalten Teller. Verläuft die Masse, muss sie noch länger gekocht werden. Es kann aber auch sein, dass das Geliervermögen ungenügend ist. Beim Abkühlen der Masse sollte sie nicht mehr fließen, sondern eine feine Haut bilden.

Das Abfüllen

Um eine möglichst gute Haltbarkeit zu erreichen, wird die Fruchtmasse sofort nach Ende des Kochvorgangs in verschließbare Gläser abgefüllt. Dazu eignen sich Einmachgläser (in beliebiger Größe und ausreichender Anzahl) am besten. Auch Gläser von gekauften Produkten eignen sich, sofern die Gläser und auch die Deckel unbeschädigt sind. Die Gläser müssen sauber sein und vorgewärmt werden. Dies geschieht zum einen, damit sie beim Befüllen nicht zerspringen, aber auch, damit Hefe- und Schimmelpilze sicher abgetötet werden. Die Erhitzung und die zügige Abfüllung sollten bei mindestens 70 °C erfolgen. Nach dem Abfüllen sollte der Glasrand sauber abgewischt und die Gläser sollten anschließend sofort mit den ebenfalls heißen Deckeln verschlossen werden. Bei der Abkühlung bildet sich so ein Vakuum im Glas, das den Inhalt zusätzlich vor dem Verderben schützt. Beschriften Sie die Gläser mit Datums- und Inhaltsangabe. Die Lagerung sollte an einem kühlen dunklen Ort stattfinden.

Jedes in diesem Buch aufgeführte Rezept liefert genug Marmelade oder Gelee, um einige Gläser zu füllen.

Marmeladen

Advents-Marmelade

Zubereitungszeit: 10 Minuten
Kochzeit: 4 Minuten

Einkaufsliste/Zutaten

900 g Äpfel (geputzt gewogen)
Saft von 1 Zitrone
500 g Gelierzucker
100 g Rosinen
1 Msp. Zimt (Menge nach Geschmack)

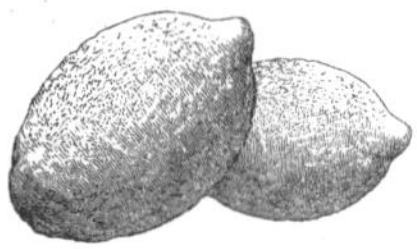

Vorküche

Die Äpfel waschen, schälen, entkernen und in kleine Stücke schneiden.

Zubereitung

Die Apfelstücke mit Zitronensaft und Gelierzucker in einem großen Topf mischen und zum Kochen bringen. Die Rosinen dazugeben und unter Rühren ca. 4 Minuten sprudelnd kochen lassen. Den Topf von der Herdplatte ziehen und den Zimt unterrühren. Die Marmelade nach der Gelierprobe zügig in heiß ausgespülte Gläser füllen, diese sofort verschließen und 5 Minuten auf den Deckel gewendet stehen lassen.

Merkzettel

Damit die Marmelade einen noch »weihnachtlicheren« Geschmack bekommt, fügen Sie etwas Kardamom und oder Nelken (je nach Geschmack) dazu.

Apfel-Heidelbeer-Marmelade

Zubereitungszeit: 10 Minuten
Kochzeit: 4 Minuten

Einkaufsliste/Zutaten

850 g Äpfel
250 g Heidelbeeren
150 ml Apfelsaft
1 Tl gemahlener Zimt
1 kg Gelierzucker

Vorküche

Die Äpfel schälen, entkernen und würfeln.
Die Heidelbeeren verlesen und putzen.

Zubereitung

Die Apfelwürfel mit dem Apfelsaft in einem Topf in ca. 8–10 Minuten zu weichem Mus kochen.
750 g Apfelmus abwiegen.
Die Heidelbeeren mit Zimt, Gelierzucker und Apfelmus in einem großen Topf mischen.
Unter gelegentlichem Rühren zum Kochen bringen, dann ca. 4 Minuten unter Rühren sprudelnd kochen lassen. Die Marmelade nach der Gelierprobe zügig in heiß ausgespülte Gläser füllen und diese sofort verschließen.

Apfel-Marmelade

Zubereitungszeit: 15 Minuten (ohne Wartezeit)
Kochzeit: 15 Minuten

Einkaufsliste/Zutaten

1,5 kg säuerliche Äpfel
1 El Zucker
1–1,25 kg Gelierzucker (je nach Säure der Äpfel)

Vorküche

Die Äpfel schälen, waschen, vierteln und vom Kerngehäuse befreien. Die Apfelviertel in ca. 2 cm große Stücke schneiden.
Die Apfelschalen und die Kerngehäuse mit 1 l Wasser erhitzen und ca. 10–15 Minuten kochen lassen.
Das Ganze durch ein Sieb passieren und die Apfelstücke in der erhaltenen Brühe nicht zu weich kochen. Die Apfelstücke zum Abtropfen auf ein Sieb geben, in eine Schüssel füllen und mit Zucker bestreut über Nacht zugedeckt an einen kühlen Ort stellen.

Zubereitung

Am nächsten Tag den Zucker mit 400 ml Wasser in einem Topf zu einem dicken, klaren Sirup kochen.
Den Sirup abschäumen und die Apfelstücke dazugeben. Das Ganze unter mehrmaligem Rühren köcheln lassen, bis die Marmelade durchsichtig wird.
Die Marmeladen-Masse nach der Gelierprobe zügig in heiß ausgespülte Gläser füllen und diese sofort verschließen.

Apfel-Marmelade mit Zimt und Nelken

Zubereitungszeit: 15 Minuten (ohne Wartezeit)
Kochzeit: 30 Minuten

Einkaufsliste/Zutaten

1,5 kg säuerliche Äpfel
1–1,25 kg Gelierzucker (je nach Säuregrad der Äpfel)
1 Zimtstange
1–2 Gewürznelken
Saft von 1 Zitrone

Vorküche

Die Äpfel waschen und mit Schale und Kerngehäuse vierteln. Die Apfelstücke in einem Topf mit wenig Wasser zugedeckt weich kochen. Dabei hin und wieder umrühren. Die Masse durch ein Sieb streichen und über Nacht zugedeckt an einen kühlen Ort stellen.

Zubereitung

Das Apfelmus mit dem Gelierzucker in einem Topf vermischen und 15 Minuten ziehen lassen. Das Ganze mit Zimt, Nelken und Zitronensaft zu einer dicken breiigen Masse kochen lassen, den Schaum abschöpfen. Die Marmelade zügig in heiß ausgespülte Gläser füllen und diese sofort verschließen.

Aprikosen-Honigmelonen-Marmelade

Zubereitungszeit: 15 Minuten
Kochzeit: 3 Minuten

Einkaufsliste/Zutaten

700 g Aprikosen (entsteint gewogen)
300 g Honigmelone (Fruchtfleisch)
500 g Gelierzucker
Saft von 1 Zitrone
20 ml Cointreau

Vorküche

Die gewaschenen und entsteinten Aprikosen und das Fruchtfleisch der Honigmelone in kleine Würfel schneiden.

Zubereitung

Die Fruchtstücke mit dem Gelierzucker und dem Zitronensaft vermischen und in einem Topf unter Rühren zum Kochen bringen. Das Ganze ca. 3 Minuten sprudelnd kochen lassen, danach den Cointreau unterrühren. Die Marmelade nach der Gelierprobe zügig in heiß ausgespülte Gläser füllen und diese sofort verschließen.

Merkzettel

Sie können anstelle von Cointreau auch Aprikosenbranntwein, Aprikosenlikör oder Amaretto verwenden.

Aprikosen-Limetten-Marmelade

Zubereitungszeit: 15 Minuten
Kochzeit: ca. 2 Minuten

Einkaufsliste/Zutaten

1 kg Aprikosen
1 Limette
1 kg Gelierzucker

Vorküche

Die Aprikosen waschen, halbieren, entkernen und in Stücke schneiden. Limettenschale abreiben und Saft auspressen.

Zubereitung

Die Aprikosenstücke mit dem Zucker, der Limettenschale und dem Saft in einen großen Topf geben und stehen lassen, bis sich etwas Flüssigkeit gebildet hat. Das Ganze unter Rühren zum Kochen bringen. Den entstehenden Schaum mit einer Kelle entfernen und die Marmelade einmal aufkochen lassen. Die Marmelade nach der Gelierprobe zügig in heiß ausgespülte Gläser füllen und diese sofort verschließen.

Aprikosen-Marmelade

Zubereitungszeit: 20 Minuten (ohne Wartezeit)
Kochzeit: 30 Minuten

Einkaufsliste/Zutaten

1,5 kg nicht zu reife Aprikosen
1–1,25 kg Gelierzucker

Vorküche

Die Aprikosen in eine Schüssel geben, mit kochendem Wasser übergießen und einige Minuten zugedeckt stehen lassen. Die Aprikosenhaut abziehen, die Früchte halbieren und entsteinen. Die Aprikosenhälften mit dem Zucker lagenweise in eine Schüssel schichten und über Nacht an einen kühlen Ort stellen.

Zubereitung

Am nächsten Tag den entstandenen Saft abgießen, auffangen und in einem Topf aufkochen lassen, bis eine dickliche Masse entsteht. Den Saft abschäumen, die Aprikosen in der Masse erhitzen und für 30 Minuten kochen lassen.
Die Marmelade nach der Gelierprobe zügig in heiß ausgespülte Gläser füllen und diese sofort verschließen.

Merkzettel

Harte, grünliche bis blassgelbe Früchte sind ein Zeichen von Unreife. Zu weiche Aprikosen sind überreif. Dies sollten Sie bei Ihrem Einkauf beachten.

Aprikosen-Marmelade mit Rosmarin

Zubereitungszeit: 20 Minuten (ohne Wartezeit)
Kochzeit: 4 Minuten

Einkaufsliste/Zutaten

1 kg Aprikosen (entsteint gewogen)
100 g getrocknete Aprikosen
1 kg Gelierzucker
2 Zweige frischer Rosmarin
1 unbehandelte Zitrone

Vorküche

Die Aprikosen waschen, entsteinen und in kleine Würfel schneiden.
Die getrockneten Aprikosen in sehr kleine Würfel schneiden. Beides in einem Topf mit dem Gelierzucker mischen und zugedeckt über Nacht ziehen lassen.
Rosmarin waschen, die Nadeln abzupfen und fein hacken. Zitrone heiß abwaschen und abtrocknen.
1 Tl Schale abreiben, Saft auspressen.

Zubereitung

Die Früchte mit Rosmarin, Zitronenschale und -saft mischen. Das Ganze unter Rühren zum Kochen bringen und 4 Minuten sprudelnd kochen lassen.
Die Marmelade nach der Gelierprobe zügig in heiß ausgespülte Gläser füllen und diese sofort verschließen.

Aprikosen-Marmelade mit Thymian und Zitrone

Zubereitungszeit: 20 Minuten (ohne Wartezeit)
Kochzeit: 4 Minuten

Einkaufsliste/Zutaten

1 kg Aprikosen (entsteint gewogen)
2 unbehandelte Zitronen
500 g Gelierzucker
4–5 Zweige Thymian

Vorküche

Die Aprikosen waschen, entsteinen und in feine Spalten schneiden. Die Zitronen heiß abspülen und trockenreiben. Die Schale mit einem Zestenreißer in feinen Streifen abziehen und den Saft auspressen. Beides mit den Aprikosen und dem Gelierzucker in einem großen Topf mischen und zugedeckt 4 Stunden durchziehen lassen. Thymianblättchen abzupfen.

Zubereitung

Die Aprikosen-Zitronen-Zucker-Mischung mit den Thymianblättchen in einen Topf geben und unter gelegentlichem Rühren zum Kochen bringen. Das Ganze ca. 4 Minuten unter Rühren sprudelnd kochen lassen. Die Marmelade nach der Gelierprobe zügig in heiß ausgespülte Gläser füllen und diese sofort verschließen.

Merkzettel

Die ursprünglich aus China stammende Aprikose wird heute überwiegend rund um das Mittelmeer, in Ungarn und Kalifornien angebaut.

Aprikosen-Marmelade mit Zitronenmelisse

Zubereitungszeit: 15 Minuten
Kochzeit: 4 Minuten

Einkaufsliste/Zutaten

1 kg Aprikosen (entsteint gewogen)
1 kg Gelierzucker
1 Bund Zitronenmelisse
1 Limette
40 ml Aprikosengeist

Vorküche

Die Aprikosen waschen, halbieren und entsteinen. Die Früchte in kleine Stücke schneiden und mit Gelierzucker in einem großen Topf mischen. Die Melissenblättchen abzupfen und fein hacken. Die Limette heiß abspülen, die Schale mit dem Zestenreißer in dünne Streifen schneiden und zu den Aprikosen geben.

Zubereitung

Die Frucht-Masse zum Kochen bringen und 4 Minuten unter Rühren sprudelnd kochen lassen. Den Topf von der Herdplatte nehmen und die gehackte Melisse und den Aprikosengeist unterrühren. Die Marmelade nach der Gelierprobe sofort in heiß ausgespülte Gläser füllen, diese sofort verschließen und 5 Minuten auf den Deckel gewendet stehen lassen. Beim Erkalten mehrmals wenden, damit sich die Melisse im Glas verteilt.

Beeren-Marmelade

Zubereitungszeit: 20 Minuten
Kochzeit: 4 Minuten

Einkaufsliste/Zutaten

750 g Beeren (Erdbeeren, Himbeeren, Johannisbeeren)
250 g Gelierzucker
1 Päckchen Zitronensäure (5 g)
2 El Himbeersirup
2 El Mandellikör (nach Belieben)

Vorküche

Die Beeren verlesen, putzen, mit dem Gelierzucker, der Zitronensäure und dem Himbeersirup in einen großen Topf geben und gut mischen.

Zubereitung

Die Beeren-Mischung unter Rühren zum Kochen bringen und 4 Minuten sprudelnd kochen lassen.
Den Mandellikör unterrühren.
Die Marmelade nach der Gelierprobe zügig in heiß ausgespülte Gläser füllen und diese sofort verschließen.
Die Gläser 10 Minuten auf den Kopf stellen und abkühlen lassen.

Beeren-Marmelade – die roh gerührte

Zubereitungszeit: 25 Minuten

Einkaufsliste/Zutaten

500 g frische Beeren (wahlweise Heidelbeeren, Erdbeeren, Himbeeren)
250 g Gelierzucker
Schale und Saft von 1 unbehandelten Zitrone
1 Päckchen Vanillezucker
jeweils 1 Prise Zimt und Nelkenpulver

Vorküche

Die Beeren verlesen, wenn nötig waschen und putzen. Mit Gelierzucker, Zitronensaft und -schale, Vanillezucker und Gewürzen vermischen.

Zubereitung

Das Ganze ca. 15 Minuten mit dem Pürierstab pürieren, bis sich der Zucker gelöst hat. Die fertige Marmelade nach der Gelierprobe zügig in heiß ausgespülte Gläser füllen und diese sofort verschließen.

Merkzettel

Diese Beeren-Marmelade hält sich im Kühlschrank ca. 3–4 Wochen.

Beeren-Marmelade mit karamellisierten Mandeln

Zubereitungszeit: 25 Minuten
Kochzeit: 4 Minuten

Einkaufsliste/Zutaten

75 g Mandelkerne
75 g Zucker
Öl für das Blech
500 g Himbeeren
500 g Brombeeren
Saft von 1 Zitrone
1 kg Gelierzucker

Vorküche

Die Mandeln hacken und in einer Pfanne ohne Fett hell anrösten. Den Zucker darüber streuen und hellbraun karamellisieren. Die karamellisierten Nüsse auf ein geöltes Blech geben, abkühlen lassen und zerbrechen. Die Beeren verlesen, nur wenn nötig waschen.

Zubereitung

Die Beeren mit Zitronensaft und Gelierzucker in einem großen Topf mischen und unter gelegentlichem Rühren zum Kochen bringen.
Das Ganze ca. 4 Minuten unter Rühren sprudelnd kochen lassen und das Mandelkrokant unterrühren.
Die Marmelade nach der Gelierprobe zügig in heiß ausgespülte Gläser füllen und diese sofort verschließen.

Merkzettel

Die mit Fruchtsäure und Fruchtzucker köstlich ausbalancierte Himbeere ist reich an wertvollen Vitaminen (A, C und E).

Birnen-Mango-Marmelade

Zubereitungszeit: 25 Minuten (ohne Wartezeit)
Kochzeit: 4 Minuten

Einkaufsliste/Zutaten

175 g Mango (geputzt gewogen)
825 g aromatische Birnen (geputzt gewogen)
1 kg Gelierzucker

Vorküche

Die Mango schälen, den Stein entfernen und das Fruchtfleisch fein pürieren. Die Birnen waschen, schälen und vom Kerngehäuse befreien. Die Birnen in kleine Stücke schneiden und mit Mangopüree und Gelierzucker in einem großen Topf mischen. Zugedeckt über Nacht durchziehen lassen.

Zubereitung

Das Ganze zum Kochen bringen und 4 Minuten unter Rühren sprudelnd kochen lassen. Die Marmelade nach der Gelierprobe zügig in heiß ausgespülte Gläser füllen, diese sofort verschließen und 5 Minuten auf den Deckel gewendet stehen lassen.

Brombeer-Apfel-Marmelade

Zubereitungszeit: 20 Minuten
Kochzeit: ca. 15–20 Minuten

Einkaufsliste/Zutaten

500 g Brombeeren
500 g Äpfel
1 kg Gelierzucker
Abgeriebene Schale und Saft von 1 Orange

Vorküche

Die Brombeeren verlesen und putzen. Die Äpfel schälen, entkernen und in Würfel schneiden. Die Früchte in einem Topf mit den restlichen Zutaten vermischen.

Zubereitung

Das Ganze auf kleiner Flamme so lange kochen lassen, bis die Masse leicht geliert. Die Marmeladen-Masse nach der Gelierprobe zügig in heiß ausgespülte Gläser füllen und diese sofort verschließen.

Brombeer-Birnen-Marmelade

Zubereitungszeit: 20 Minuten (ohne Wartezeit)
Kochzeit: 4 Minuten

Einkaufsliste/Zutaten

600 g Brombeeren
400 g Birnen
500 g Gelierzucker
1 El Williams Christbirne (nach Belieben)

Vorküche

Die Brombeeren verlesen und putzen. Die Birnen schälen, halbieren und vom Kerngehäuse befreien. Die Birnenhälften auf der Küchenreibe grob reiben. Die Früchte mit dem Gelierzucker in einem Topf gründlich vermischen und ca. 2 Stunden ziehen lassen.

Zubereitung

Das Ganze unter Rühren aufkochen und ca. 4 Minuten sprudelnd kochen lassen. Williams Christbirne unterrühren. Die Marmelade nach der Gelierprobe zügig in heiß ausgespülte Gläser füllen und diese sofort verschließen.

Merkzettel

Die Williamsbirne ist die aromareichste aller Birnen, und nur die überreifen Früchte liefern die feinen Aromen für den gleichnamigen Obstbrand (Williams Christ Birnenbrand).

Brombeer-Marmelade mit Apfel und Ingwer

Zubereitungszeit: 15 Minuten
Kochzeit: ca. 10 Minuten

Einkaufsliste/Zutaten

500 g Brombeeren
500 g geschälte und gewürfelte Äpfel
1 kg Gelierzucker
Abgeriebene Schale und Saft von 1 Orange
1 El geriebener frischer Ingwer

Vorküche

Die Brombeeren verlesen und putzen, die Äpfel schälen, halbieren, vom Kerngehäuse befreien und in Würfel schneiden.

Zubereitung

Die Früchte mit Gelierzucker, Orangenschale und -saft sowie dem Ingwer in einem Topf vermischen. Auf kleinem Feuer so lange köcheln lassen, bis die Masse leicht geliert. Die Marmelade nach der Gelierprobe zügig in heiß ausgespülte Gläser füllen und diese sofort verschließen.

Merkzettel

Ingwer ist reich an Kalium, Kalzium, Magnesium und Eisen.

Brombeer-Marmelade nach Großmutters Art

Zubereitungszeit: 5 Minuten
Kochzeit: 30 Minuten

Einkaufsliste/Zutaten

500 g Brombeeren
375 g Gelierzucker

Vorküche

Die Brombeeren verlesen.

Zubereitung

Den Zucker mit 40 ml Wasser zu einem dicken, klaren Sirup aufkochen und abschäumen. Die Beeren zugeben und unter häufigem Rühren ca. 30 Minuten kochen lassen. Die Marmelade nach der Gelierprobe zügig in heiß ausgespülte Gläser füllen und diese sofort verschließen.

Merkzettel

Die schwarzroten bis schwarzen Brombeeren wirken blutstillend und blutzuckersenkend.

Ebereschenbeeren-Apfel-Marmelade

Zubereitungszeit: 35 Minuten (ohne Wartezeit)
Kochzeit: ca. 24 Minuten

Einkaufsliste/Zutaten

600 g Ebereschenbeeren
125 ml Weißweinessig
400 g Äpfel (vorbereitet gewogen)
2 Vanillestangen
1 kg Gelierzucker
2 Zimtstangen

Vorküche

Die Ebereschenbeeren waschen, von den Rispen streifen und verlesen. Die Früchte für 24 Stunden in die Tiefkühltruhe legen (die Ebereschenbeeren verlieren dadurch etwas von ihrem bitteren Geschmack). Danach mit einer Essig-Wasser-Mischung (im Verhältnis 1:1) übergießen und über Nacht stehen lassen. Die Äpfel schälen, entkernen und in Würfel schneiden. Die Vanillestangen längs halbieren und das Mark herausschaben.

Zubereitung

Die Ebereschenbeeren abschütten und in einem Topf mit frischem Wasser ca. 15–20 Minuten weich kochen. Die Beeren durch ein Sieb gießen und abtropfen lassen. Die Fruchtmasse mit den Apfelwürfeln, dem Vanillemark und Gelierzucker verrühren, die Zimtstangen dazugeben. Das Ganze unter Rühren zum Kochen bringen und ca. 4 Minuten sprudelnd kochen lassen. Die Zimtstangen entfernen. Die Marmelade nach der Gelierprobe zügig in heiß ausgespülte Gläser füllen und diese sofort verschließen.

Merkzettel

Die Eberesche wurde 1997 wegen ihrer besonderen Bedeutung für die Umwelt zum Baum des Jahres gewählt.

Erdbeer-Marmelade mit ganzen Früchten

Zubereitungszeit: 15 Minuten
Kochzeit: ca. 15 Minuten

Einkaufsliste/Zutaten

1 kg frische Erdbeeren
1 kg Gelierzucker

Vorküche

Die Erdbeeren verlesen und den grünen Strunk entfernen.

Zubereitung

Die Erdbeeren mit dem Zucker in einem Topf erhitzen und unter häufigem Schütteln (nicht rühren, damit die Früchte nicht zerdrückt werden) langsam zum Kochen bringen. Die Masse unter häufigem Schütteln ca. 12–15 Minuten bei kleiner Hitze köcheln lassen. Die Marmelade nach der Gelierprobe zügig in heiß ausgespülte Gläser füllen und diese sofort verschließen.

Merkzettel

Nur reife Erdbeeren ernten bzw. kaufen, denn die Früchte reifen nicht nach.

Erdbeer-Rhabarber-Marmelade mit Rum-Schuss

Zubereitungszeit: 20 Minuten
Kochzeit: 3 Minuten

Einkaufsliste/Zutaten

750 g Erdbeeren (geputzt gewogen)
500 g Gelierzucker
250 g Rhabarber
Saft von ½ Zitrone
1 El Rum

Vorküche

Die Erdbeeren waschen, putzen und halbieren.
Mit dem Gelierzucker in einer Schüssel vermischen
und mit dem Handmixer pürieren.
Den Rhabarber waschen, Blätter und Stielansätze
abschneiden, schälen und in kleine Stücke schneiden.
Die Rhabarberstücke mit dem Zitronensaft unter
das Erdbeerpüree mischen.

Zubereitung

Das Ganze in einem Topf zum Kochen bringen.
Die Erdbeer-Rhabarber-Marmelade unter Rühren
ca. 3 Minuten sprudelnd kochen, den Rum
unterrühren und den Schaum abschöpfen.
Die Marmelade zügig in heiß ausgespülte Gläser füllen,
diese sofort verschließen und ca. 5 Minuten auf den
Deckel stellen. Dann umdrehen und erkalten lassen.

Merkzettel

Lange Zeit war umstritten, ob Rhabarber ein
Gemüse oder Obst ist. Botanisch betrachtet gehört
er zum Gemüse.

Hagebutten-Orangen-Marmelade

Zubereitungszeit: 25 Minuten
Kochzeit: 23 Minuten

Einkaufsliste/Zutaten

1 kg Hagebutten
300 ml frisch gepresster Orangensaft
500 g Gelierzucker

Vorküche

Die Hagebutten waschen und von Stielen und Blüten befreien. Die Früchte halbieren, die Kerne entfernen und die Hälften nochmals waschen.

Zubereitung

Die Hagebutten mit Wasser bedeckt ca. 20 Minuten weich kochen. Danach durch ein Sieb passieren und 700 g der Masse abwiegen. Das Hagebuttenmark mit Orangensaft und Gelierzucker vermischen, unter Rühren zum Kochen bringen und 3 Minuten sprudelnd durchkochen lassen.
Die Marmelade nach der Gelierprobe zügig in heiß ausgespülte Gläser füllen und diese sofort verschließen.

Merkzettel

Die Hagebutte ist reich an den Vitaminen A und C.

Heidelbeer-Marmelade

Zubereitungszeit: 15 Minuten
Kochzeit: 30 Minuten

Einkaufsliste/Zutaten

500 g Heidelbeeren
375 g Gelierzucker

Vorküche

Die Heidelbeeren verlesen und putzen.

Zubereitung

Den Zucker mit 40 ml Wasser zu einem dicken, klaren Sirup aufkochen und abschäumen. Die Beeren zugeben und unter häufigem Rühren ca. 30 Minuten kochen lassen.
Die Marmelade nach der Gelierprobe zügig in heiß ausgespülte Gläser füllen und diese sofort verschließen.

Merkzettel

Beim Selbstpflücken der Heidelbeere, auch Blau-, Wald- oder Schwarzbeere genannt, sollte man sich vorsorglich versichern, dass man in fuchsbandwurmfreien Gebieten pflückt.

Heidelbeer-Marmelade mit Rum

Zubereitungszeit: 20 Minuten
Kochzeit: 3 Minuten

Einkaufsliste/Zutaten

1 kg Heidelbeeren
500 g Gelierzucker
1 El Zitronensaft
1 El Rum

Vorküche

Die Heidelbeeren waschen und abtropfen lassen. Die Beeren mit dem Gelierzucker in einer Schüssel vermischen. Die Früchte mit dem Handmixer pürieren. Den Zitronensaft zufügen.

Zubereitung

Das Ganze in einem Topf zum Kochen bringen und ca. 3 Minuten sprudelnd kochen lassen, den Rum unterrühren und den Schaum abschöpfen.
Die Marmelade zügig in heiß ausgespülte Gläser füllen, diese sofort verschließen und ca. 5 Minuten auf den Deckel stellen. Dann umdrehen und erkalten lassen.

Himbeer-Marmelade

Zubereitungszeit: 15 Minuten (ohne Wartezeit)
Kochzeit: 4 Minuten

Einkaufsliste/Zutaten

500 g Himbeeren
400–500 g Gelierzucker

Vorküche

Die Himbeeren verlesen und durch ein Haarsieb streichen. Das Fruchtmus in einem Topf mit dem Zucker vermischen und abgedeckt ca. 30 Minuten ziehen lassen.

Zubereitung

Das Ganze und unter ständigem Rühren aufkochen, zu einer breiigen Masse kochen und den Schaum abschöpfen.
Die Marmelade zügig in heiß ausgespülte Gläser füllen und diese sofort verschließen.

Himbeer-Schokoladen-Marmelade

Zubereitungszeit: 20 Minuten
Kochzeit: 4 Minuten

Einkaufsliste/Zutaten

1 kg Himbeeren
150 g Zartbitter-Schokolade
500 g Gelierzucker
2 El Rum

Vorküche

Die Himbeeren verlesen und putzen. Die Schokolade über die Küchenreibe ziehen und zu kleinen Flocken reiben.

Zubereitung

Die Himbeeren mit Gelierzucker in einem großen Topf mischen und zum Kochen bringen. Das Ganze ca. 4 Minuten unter Rühren sprudelnd kochen lassen. Den Topf von der Herdplatte ziehen, dann Rum und Schokoflocken unterrühren.
Die Marmelade nach der Gelierprobe zügig in heiß ausgespülte Gläser füllen und diese sofort verschließen. Die Gläser 5 Minuten auf den Deckel gewendet stehen lassen.

Holunderbeeren-Marmelade

Zubereitungszeit: 20 Minuten
Kochzeit: 4 Minuten

Einkaufsliste/Zutaten
500 g Holunderbeeren
400 g Gelierzucker

Vorküche
Die Holunderbeeren verlesen und putzen.

Zubereitung
Den Zucker mit 20 ml Wasser in einem Topf vermischen und unter ständigem Rühren erhitzen, bis der Zucker braun wird. Die Beeren dazugeben und unter Rühren so lange kochen, bis eine dickliche Masse entsteht.
Die Marmelade nach der Gelierprobe zügig in heiß ausgespülte Gläser füllen und diese sofort verschließen.
Die Gläser 5 Minuten auf den Deckel gewendet stehen lassen.

Merkzettel
Die pechschwarzen Holunderbeeren können auch zu Saft, Obstwein und Suppe verarbeitet werden.

Johannisbeer-Marmelade

Zubereitungszeit: 20 Minuten
Kochzeit: 30 Minuten

Einkaufsliste/Zutaten

500 g Johannisbeeren (abgestreift gewogen)
500 g Gelierzucker

Vorküche

Die Johannisbeeren verlesen und putzen.

Zubereitung

Den Zucker mit 40 ml Wasser zu einem dicken, klaren Sirup aufkochen und abschäumen. Die Beeren zugeben und unter häufigem Rühren ca. 30 Minuten kochen lassen.

Die Marmelade nach der Gelierprobe zügig in heiß ausgespülte Gläser füllen und diese sofort verschließen. Die Gläser 5 Minuten auf den Deckel gewendet stehen lassen.

Merkzettel

Johannisbeeren sind blutreinigend und leberfreundlich. Die schwarze Johannisbeere ist besonders reich an Vitamin C – aber auch ein Geschmacksfall für sich. Die weißen Johannisbeeren sind hocharomatisch und lieblich im Geschmack.

Kirsch-Marmelade

Zubereitungszeit: 25 Minuten
Kochzeit: 4 Minuten

Einkaufsliste/Zutaten

3 kg Kirschen
1,5 kg Gelierzucker

Vorküche

Die Kirschen waschen, abtropfen lassen, die Stiele entfernen, die Früchte entsteinen und in einem Topf mit etwas Wasser weich kochen. Die Kirschen durch ein feines Sieb streichen.

Zubereitung

Die Kirsch-Masse mit dem Zucker in einem Topf aufkochen. Unter ständigem Rühren zu einer dicken, breiigen Masse kochen lassen und den Schaum abschöpfen.
Die Marmelade zügig in heiß ausgespülte Gläser füllen und diese sofort verschließen.

Merkzettel

Wenn Sie möchten, fügen Sie der Kirsch-Marmelade etwas Kirschwasser hinzu. Dies verleiht ihr einen kräftigen Geschmack.

Kiwi-Orangen-Marmelade

Zubereitungszeit: 30 Minuten
Kochzeit: 1 Minute

Einkaufsliste/Zutaten

6 Kiwis
2 große Orangen
500 g Gelierzucker

Vorküche

Die Kiwis schälen und in dünne Scheiben schneiden. Die Hälfte der Fruchtscheiben mit einer Gabel zerdrücken. Die Orangen halbieren, das Fruchtfleisch von den Häuten befreien (filettieren) und klein schneiden, dabei den Fruchtsaft auffangen. Die Früchte und den Saft in einem Topf vermischen.

Zubereitung

Den Gelierzucker zu den Früchten geben und das Ganze unter Rühren aufkochen. Etwa eine Minute sprudelnd kochen lassen. Die Marmelade nach der Gelierprobe zügig in heiß ausgespülte Gläser füllen und diese sofort verschließen.

Merkzettel

Die in der Kiwifrucht enthaltenen Fettsäuren werden vor allem für folgende Körperfunktionen benötigt: Herz-Kreislauf, Blutgefäße, Zellbildung, Gehirn und Augen, Embryonalentwicklung, Hormonhaushalt.

Kürbis-Marmelade

Zubereitungszeit: 50 Minuten
Kochzeit: 4 Minuten

Einkaufsliste/Zutaten

1 kg Kürbis (Fruchtfleisch)
250 g Gelierzucker
1 Zimtstange
5 Gewürznelken
20 ml Weißwein
½ El abgeriebene Zitronenschale

Vorküche

Das Kürbisfleisch in Stücke schneiden. Die Kürbisstücke in einem Topf mit 20 ml Wasser bei mäßiger Hitze weich kochen. Die Masse durch ein Sieb streichen.

Zubereitung

Das Ganze in einem Topf mit den übrigen Zutaten vermischen und 15 Minuten ziehen lassen. Anschließend unter ständigem Rühren zu einer breiigen Masse kochen und den Schaum abschöpfen. Die Zimtstange und die Nelken nach Ende der Kochzeit wieder entfernen. Die Marmelade zügig in heiß ausgespülte Gläser füllen und diese sofort verschließen.

Merkzettel

In Afrika gilt Kürbis wegen der vielen Kerne als ein Fruchtbarkeitssymbol.

Kürbis-Marmelade mit Apfel und Zimt

Zubereitungszeit: 20 Minuten
Kochzeit: 10 Minuten

Einkaufsliste/Zutaten

600 g Kürbis (Fruchtfleisch)
4 saure Äpfel (z. B. Boskop)
20 ml Weißwein
2 Tl Zimt
Abgeriebene Schale und Saft von 1 unbehandelten Zitrone
300 g Birnendicksaft
1 Päckchen (20 g) Geliermittel (Gel Fix)

Vorküche

Das Kürbisfleisch in kleine Würfel schneiden. Die Äpfel waschen, schälen, vom Kerngehäuse befreien und ebenfalls in Würfel schneiden.

Zubereitung

Die Früchte mit Weißwein, Zimt, Zitronenschale und -saft sowie Birnendicksaft ca. 10 Minuten sprudelnd kochen lassen. Dann das Geliermittel dazugeben und nach Gebrauchsanweisung 1–3 Minuten mitkochen. Die Marmelade nach der Gelierprobe zügig in heiß ausgespülte Gläser füllen und diese sofort verschließen.

Merkzettel

Kürbis ist ein Gurkengewächs und unter kulinarischem Aspekt in der Küche sehr vielfältig, z. B. als süß-saures Gemüse, als Suppe oder Gemüse zubereitet.

Marmelade aus Kiwis und Saurem

Zubereitungszeit: 25 Minuten (ohne Wartezeit)
Kochzeit: 4 Minuten

Einkaufsliste/Zutaten

1 kg reife Kiwifrüchte
1 kg Gelierzucker
3 El Zitronensaft

Vorküche

Die Kiwis schälen, den harten Strunk herausschneiden und die Früchte würfeln.
Das Obst in einen Topf geben, mit dem Gelierzucker mischen und ca. 3 Stunden ziehen lassen.

Zubereitung

Die Frucht-Zucker-Mischung im Mixer pürieren. Die Masse dann zum Kochen bringen, den Zitronensaft hinzufügen und das Ganze ca. 4 Minuten sprudelnd kochen lassen.
Die Marmelade nach der Gelierprobe zügig in heiß ausgespülte Gläser füllen und diese sofort verschließen.

Merkzettel

Zucker und Ascorbin-, Apfel-, China- und Phosphorsäure geben der Kiwi ihren unvergleichlichen Geschmack.

Marmelade aus Mirabellen mit Rosmarin

Zubereitungszeit: 20 Minuten
Kochzeit: 4 Minuten

Einkaufsliste/Zutaten

1 kg Mirabellen
Saft einer Orange
3 El Amaretto
1 Zweig frischer Rosmarin
1 kg Gelierzucker

Vorküche

Die Mirabellen waschen, entsteinen und klein schneiden.

Zubereitung

Die Mirabellen mit Orangensaft, Amaretto, Rosmarin und Gelierzucker in einem Topf vermischen und unter Rühren zum Kochen bringen. Das Ganze ca. 4 Minuten sprudelnd kochen lassen. Den Rosmarinzweig wieder entfernen.
Die Marmelade nach der Gelierprobe zügig in heiß ausgespülte Gläser füllen und diese sofort verschließen.

Merkzettel

Mirabellen sind leicht verderblich. Sie müssen kühl und bei hoher Luftfeuchtigkeit gelagert werden.

Marmelade aus Süßkirschen mit Portwein

Zubereitungszeit: 20 Minuten
Kochzeit: 3 Minuten

Einkaufsliste/Zutaten

875 g Süßkirschen (entsteint gewogen)
500 g Gelierzucker
125 ml Portwein
2 Zimtstangen
Saft von 1 Zitrone

Vorküche

Die Kirschen waschen, gut abtropfen lassen, halbieren, entkernen und gut zerkleinern.

Zubereitung

Die Kirschen mit Gelierzucker, Portwein, Zimtstangen und Zitronensaft vermischen und unter Rühren zum Kochen bringen.
Das Ganze ca. 3 Minuten sprudelnd kochen lassen.
Die Zimtstangen entfernen.
Die Marmelade nach der Gelierprobe zügig in heiß ausgespülte Gläser füllen und diese sofort verschließen.

Merkzettel

Portwein ist ein schwerer Likörwein aus Portugal.
Er wird gerne zur Kaffeetafel gereicht.

Orangen-Marmelade

Zubereitungszeit: 20 Minuten
Kochzeit: 4 Minuten

Einkaufsliste/Zutaten

8 große Orangen
1 kg Gelierzucker
1 El Zitronensaft

Vorküche

Die Orangen heiß abspülen, trockenreiben und die Schale von 2 Früchten mit einem Zestenreißer in feinen Streifen abziehen.
Die Orangen in Filets schneiden, dabei den Saft auffangen.
Die restlichen Orangen auspressen und 600 ml Saft abmessen.

Zubereitung

Orangensaft, -schale, -filets, Gelierzucker und Zitronensaft in einen großen Topf geben und unter Rühren zum Kochen bringen.
Das Ganze ca. 4 Minuten unter ständigem Rühren sprudelnd kochen lassen und den Schaum abschöpfen.
Die Marmelade zügig in heiß ausgespülte Gläser füllen und diese sofort verschließen.

Merkzettel

Wenn Sie das typische, leicht bittere Aroma der englischen Orangen-Marmelade mögen, verwenden Sie Bitterorangen (Pomeranzen).

Pfirsich-Aprikosen-Marmelade

Zubereitungszeit: 25 Minuten
Kochzeit: 4 Minuten

Einkaufsliste/Zutaten

400 g Pfirsiche (entsteint gewogen)
400 g Aprikosen (entsteint gewogen)
200 g Äpfel
1 kg Gelierzucker
1 Päckchen Vanillezucker

Vorküche

Die Pfirsiche kurz mit kochendem Wasser überbrühen, dann kalt abschrecken, häuten und entsteinen. Aprikosen waschen und ebenfalls entsteinen. Beides mit dem Handmixer pürieren. Die Äpfel waschen, schälen, entkernen und fein würfeln.

Zubereitung

Das Fruchtpüree mit Äpfeln, Gelierzucker und Vanillezucker in einem großen Topf mischen. Unter gelegentlichem Rühren zum Kochen bringen, ca. 4 Minuten unter Rühren sprudelnd kochen lassen.
Die Marmelade nach der Gelierprobe zügig in heiß ausgespülte Gläser füllen und diese sofort verschließen.

Merkzettel

Die süßsaftigen Pfirsiche variieren stark in Farbe und Größe, sind reich an Vitaminen und arm an Kalorien.

Pfirsich-Marmelade

Zubereitungszeit: 30 Minuten (ohne Wartezeit)
Kochzeit: 30 Minuten

Einkaufsliste/Zutaten

1 kg reife Pfirsiche (entsteint gewogen)
750 g Gelierzucker

Vorküche

Die Pfirsiche in eine Schüssel geben, mit kochendem Wasser übergießen und einige Minuten zugedeckt stehen lassen. Die Pfirsichhaut abziehen, die Früchte halbieren, entsteinen und in Stücke schneiden. Die Fruchtstücke mit dem Zucker lagenweise in eine Schüssel schichten und über Nacht an einen kühlen Ort stellen.

Zubereitung

Am nächsten Tag den entstandenen Saft abgießen, auffangen und in einem Topf aufkochen lassen, bis eine dickliche Masse entsteht. Den Saft abschäumen, die Pfirsiche in der Masse erhitzen und für 30 Minuten kochen lassen.
Die Marmelade nach der Gelierprobe zügig in heiß ausgespülte Gläser füllen und diese sofort verschließen.

Merkzettel

Geben Sie zu dieser Marmelade etwas Pfirsichlikör hinzu, das ergibt eine besondere geschmackliche Note.

Pflaumen-Marmelade

Zubereitungszeit: 25 Minuten (ohne Wartezeit)
Kochzeit: 20 Minuten

Einkaufsliste/Zutaten

1,5 kg Pflaumen (nicht zu reife Früchte)
1 kg Gelierzucker

Vorküche

Die Pflaumen waschen, abtropfen lassen, halbieren und entsteinen. Die Fruchthälften mit dem Zucker lagenweise in eine Schüssel schichten und über Nacht an einen kühlen Ort stellen.

Zubereitung

Den Pflaumensaft abgießen, auffangen und in einem Topf aufkochen, bis eine dickliche Masse entsteht.
Den Saft abschäumen und die Pflaumen darin ca. 20 Minuten kochen lassen.
Die Marmelade nach der Gelierprobe zügig in heiß ausgespülte Gläser füllen und diese sofort verschließen.

Merkzettel

Geben Sie der Marmelade (je nach Geschmack) etwas Zimt bei. Zimt und Pflaumen passen geschmacklich sehr gut zusammen.

Preiselbeer-Birnen-Marmelade

Zubereitungszeit: 25 Minuten
Kochzeit: 4 Minuten

Einkaufsliste/Zutaten

750 g Preiselbeeren (vorbereitet gewogen)
250 g Birnen (vorbereitet gewogen)
1 Vanilleschote
1 kg Gelierzucker

Vorküche

Die Preiselbeeren verlesen, waschen und gut abtropfen lassen. Die Birnen waschen, schälen, halbieren und vom Kerngehäuse befreien. Die Birnen sehr klein würfeln. Vanilleschote längs aufschneiden und das Mark herauskratzen.

Zubereitung

Die Früchte mit Vanillemark und -schote sowie Gelierzucker in einem großen Topf mischen und unter gelegentlichem Rühren zum Kochen bringen. Das Ganze ca. 4 Minuten unter Rühren sprudelnd kochen. Die Vanilleschote entfernen.

Die Marmelade nach der Gelierprobe zügig in heiß ausgespülte Gläser füllen und diese sofort verschließen.

Merkzettel

Der hohe Vitamin-C-Gehalt der Preiselbeere macht die Frucht zu einem urgesunden Genuss.

Quitten-Marmelade

Zubereitungszeit: 25 Minuten (ohne Wartezeit)
Kochzeit: 4 Minuten

Einkaufsliste/Zutaten

1,5 kg Quitten
1 kg Gelierzucker
1 kleines Stück Zitronenschale

Vorküche

Die Quitten mit einem Tuch abreiben und waschen, Stiel entfernen und mit Schalen und Kerngehäusen in jeweils 4 Stücke schneiden. Die Fruchtstücke in einem Topf mit Wasser bedeckt weich kochen. Die Masse durch ein feines Sieb streichen und über Nacht abgedeckt an einem kühlen Ort stehen lassen. Dann mit dem Zucker vermischen und 15 Minuten ziehen lassen.

Zubereitung

Das Ganze mit der Zitronenschale in einem Topf unter ständigem Rühren zu einer dicken, breiigen Masse kochen lassen und den Schaum abschöpfen.
Die Marmelade zügig in heiß ausgespülte Gläser füllen und diese sofort verschließen.

Merkzettel

Die Verarbeitung von frisch gepflückten Quitten ergibt eine eher helle Marmelade, während abgelagerte Ware zu einer dunkleren Marmelade führt.

Rhabarber-Marmelade

Zubereitungszeit: 30 Minuten
Kochzeit: 4 Minuten

Einkaufsliste/Zutaten

1000 g Rhabarber
1000 g Gelierzucker
Abgeriebene Schale von 1 Zitrone

Vorküche

Rhabarber waschen, abtropfen lassen und ungeschält in kleine Stücke schneiden.

Zubereitung

Die Rhabarberstücke mit Zucker, Zitronenschale und 10 ml Wasser zu einer dicklichen Masse kochen lassen. Die Marmelade nach der Gelierprobe zügig in heiß ausgespülte Gläser füllen und diese sofort verschließen.

Merkzettel

Die unterschiedlichen Stielfärbungen des Rhabarbers geben Aufschluss über den Geschmack. Grünstieliger Rhabarber mit grünem Fruchtfleisch ist sehr sauer. Rotstieliger Rhabarber mit grünem Fruchtfleisch schmeckt leicht herb und weniger sauer. Rotstieliger Rhabarber mit rotem Fruchtfleisch schließlich schmeckt mild mit einem feinen Himbeeraroma.

Rhabarber-Marmelade mit Vanille

Zubereitungszeit: 30 Minuten
Kochzeit: 10 Minuten

Einkaufsliste/Zutaten

1 kg Rhabarber
1 kg Gelierzucker
1–2 Vanilleschoten (je nach Geschmack)

Vorküche

Den Rhabarber waschen, evtl. schälen und in etwa 1 cm große Würfel schneiden.
Die Vanilleschoten längs aufschneiden und das Mark herauskratzen.

Zubereitung

Die Rhabarberwürfel mit dem Zucker in einem Topf vermischen und einige Minuten ziehen lassen. Vanillemark dazugeben und das Ganze auf kleiner Flamme einkochen lassen.
Die Marmelade nach der Gelierprobe zügig in heiß ausgespülte Gläser füllen und diese sofort verschließen.

Merkzettel

Vanille: Hocharomatische Schoten einer Kletterorchidee, deren wertvolles Vanillin nicht im Mark, sondern in der Schale steckt.

Rote Johannisbeer-Himbeer-Marmelade

Zubereitungszeit: 20 Minuten
Kochzeit: 4 Minuten

Einkaufsliste/Zutaten

600 g rote Johannisbeeren
400 g Himbeeren
1 kg Gelierzucker
40 ml Crème de Cassis (Johannisbeerlikör)
Abgeriebene Schale von ½ Zitrone

Vorküche

Die Johannisbeeren waschen, verlesen, entstielen und leicht zerdrücken. Himbeeren verlesen und putzen.

Zubereitung

Die Früchte mit Gelierzucker in einem Topf vermischen und unter Rühren zum Kochen bringen. Das Ganze ca. 4 Minuten sprudelnd kochen lassen. Den Cassis und die Zitronenschale unterrühren.
Die Marmelade nach der Gelierprobe sofort in heiß ausgespülte Gläser füllen und diese sofort verschließen.

Merkzettel

»Cassis« ist der französische Name für die Schwarze Johannisbeere und für den Likör, der jeden Champagner zum Kir Royal krönt.

Sanddorn-Marmelade

Zubereitungszeit: 40 Minuten
Kochzeit: 4 Minuten

Einkaufsliste/Zutaten

2 kg Sanddornbeeren
1 kg Zucker
1–2 Päckchen Gelierpulver (auf 1 kg Sanddorn-Mark)

Vorküche

Die Sanddornbeeren mit Wasser bedeckt kochen, bis sie platzen. Die Masse dann durch ein Sieb streichen, um die Schalenteile und Kerne abzutrennen.

Zubereitung

Das Sanddornmark abwiegen und mit der nötigen Menge Gelierpulver in einem Topf mischen. Unter Rühren aufkochen und den Zucker einrieseln lassen. Sobald die Masse kocht, für weitere 3 Minuten sprudelnd kochen lassen. Den Topf vom Herd ziehen und die Masse noch für ca. 1 Minute durchrühren, bis der entstandene Schaum zerfällt.
Die Marmelade nach der Gelierprobe zügig in heiß ausgespülte Gläser füllen und diese sofort verschließen.

Merkzettel

Die herbsauren, erfrischenden Sanddornfrüchte sind vor der Vollreife am aromatischsten.

Sauerkirsch-Marmelade

Zubereitungszeit: 35 Minuten (ohne Wartezeit)
Kochzeit: 4 Minuten

Einkaufsliste/Zutaten

1 kg Sauerkirschen (entsteint gewogen)
500 g Gelierzucker
2 Vanilleschoten
3 El Kirschwasser

Vorküche

Die Kirschen waschen und entsteinen. Ein Drittel davon pürieren, dann mit den übrigen Kirschen und dem Gelierzucker in einen Topf geben. Die Vanilleschoten längs aufschneiden und das Mark herauskratzen. Vanillemark und -schoten untermischen. Das Ganze zugedeckt 12 Stunden ziehen lassen.

Zubereitung

Die Kirschen unter Rühren aufkochen und 4 Minuten sprudelnd kochen lassen. Das Kirschwasser unterrühren.
Die Marmelade nach der Gelierprobe zügig in heiß ausgespülte Gläser füllen, diese sofort verschließen, für 10 Minuten auf den Kopf stellen und vollständig abkühlen lassen.

Merkzettel

Die Sauerkirsche entfaltet ihr ganzes Aroma erst durch Garen.
Sauerkirschen heißen auch Schattenmorellen.

Schwarze Johannisbeer-Marmelade mit Portwein und Cassis

Zubereitungszeit: 25 Minuten (ohne Wartezeit)
Kochzeit: 4 Minuten

Einkaufsliste/Zutaten

1 kg Schwarze Johannisbeeren
1 kg Gelierzucker
80 ml Portwein
20 ml Crème de Cassis (Johannisbeerlikör)

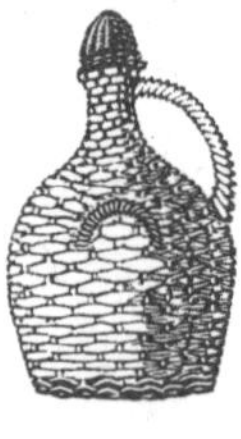

Vorküche

Die Johannisbeeren waschen und entstielen. Die Früchte mit Gelierzucker und Portwein vermischen und für 3–4 Stunden zugedeckt durchziehen lassen.

Zubereitung

Das Ganze unter Rühren zum Kochen bringen und 4 Minuten sprudelnd kochen lassen. Portwein und Cassis unterrühren.
Die Marmelade nach der Gelierprobe zügig in heiß ausgespülte Gläser füllen und diese sofort verschließen.

Merkzettel

Die Schwarze Johannisbeere hat von allen Gartenfrüchten den höchsten Vitamin-C-Gehalt.

Stachelbeer-Mirabellen-Marmelade

Zubereitungszeit: 30 Minuten (ohne Wartezeit)
Kochzeit: 4 Minuten

Einkaufsliste/Zutaten

500 g Stachelbeeren
750 g Mirabellen (entsteint gewogen)
1 kg Gelierzucker

Vorküche

Die Stachelbeeren waschen und die Stiele entfernen. Die Mirabellen waschen und entsteinen. Die Früchte klein schneiden. Alles in einem großen Topf mit dem Gelierzucker mischen. Zugedeckt 2 Stunden ziehen lassen.

Zubereitung

Die Frucht-Mischung unter Rühren aufkochen und ca. 4 Minuten sprudelnd kochen lassen. Die Marmelade nach der Gelierprobe zügig in heiß ausgespülte Gläser füllen und diese sofort verschließen.

Merkzettel

Die so gut wie weltweit angebaute Stachelbeere ist je nach Erntezeit sehr sauer oder sehr süß.

Gelees

Zur Herstellung von Fruchtgelee benötigen Sie den ausgepressten Saft von Früchten und/oder Beeren. Zur Saftherstellung werden die Früchte oder Beeren bei kleiner Hitze gekocht und anschließend durch ein feines Sieb gegossen. Der Saft sollte abfließen, ohne dass die Früchte dabei zu sehr bearbeitet werden, damit die Flüssigkeit möglichst klar bleibt.

Apfel-Gelee

Zubereitungszeit: 45 Minuten
Kochzeit: ca. 4 Minuten

Einkaufsliste/Zutaten

1,2 kg Äpfel
750 g Gelierzucker
Saft von 2 Zitronen

Vorküche

Die Äpfel waschen und, falls vorhanden, die Stiele entfernen. Das Obst klein schneiden, das Kerngehäuse belassen. Die Apfelstücke in einem Topf mit Wasser bedecken und mit geschlossenem Deckel bei kleiner Flamme weich kochen.
Die Masse durch ein feines Sieb passieren, den Saft auffangen und mit dem Zucker vermischen. Das Ganze abkühlen lassen.

Zubereitung

Den Saft mit dem Zitronensaft kochen, bis der Gelee dick wird, den aufsteigenden Schaum abschöpfen.
Den Gelee nach der Gelierprobe zügig in heiß ausgespülte Gläser füllen und diese sofort verschließen.

Merkzettel

Verarbeiten Sie für den Apfel-Gelee nicht zu reife Früchte.

Apfel-Wacholder-Gelee

Zubereitungszeit: 45 Minuten
Kochzeit: 4 Minuten

Einkaufsliste/Zutaten

1,2 kg Äpfel
2 Vanillestangen
1 kg Gelierzucker
40 ml Wacholderschnaps

Vorküche

Die Äpfel waschen und mit dem Kerngehäuse in Stücke schneiden, die Schale belassen. Mit 250 ml Wasser in einem Topf weich kochen. Anschließend das Fruchtmus durch ein Tuch pressen oder durch ein feines Sieb passieren. Den Saft (ergibt ca. 1 l) dabei auffangen und abkühlen lassen.

Die Vanillestangen längs aufschneiden und das Mark herauskratzen.

Zubereitung

Den kalten Saft mit Gelierzucker und Vanillemark unter Rühren zum Kochen bringen.

Das Ganze ca. 4 Minuten sprudelnd kochen lassen, den aufsteigenden Schaum abschöpfen.

Den Wacholderschnaps unterrühren.

Den Gelee nach der Gelierprobe zügig in heiß ausgespülte Gläser füllen und diese sofort verschließen.

Merkzettel

Zu den Wacholderschnäpsen zählen im weiteren Sinne auch Steinhäger, Gin und Genever, die auch benutzt werden dürfen.

Birnen-Gelee mit Chilischoten

Zubereitungszeit: 45 Minuten
Kochzeit: 4 Minuten

Einkaufsliste/Zutaten

1 kg Birnen (vorbereitet gewogen)
60 g frische grüne Chilischoten
150 ml Weißweinessig
1 kg Gelierzucker

Vorküche

Die Birnen schälen, entkernen und in Stücke schneiden, die Chilischoten waschen, halbieren und entkernen. Das Ganze mit 300 ml Wasser und dem Essig bei mittlerer Hitze weich kochen. Die Frucht-Masse durch ein feines Sieb streichen, den Saft (sollte 750 ml ergeben) auffangen und abkühlen lassen.

Zubereitung

Den Saft mit dem Gelierzucker vermischen, unter Rühren zum Kochen bringen und 4 Minuten sprudelnd kochen lassen, den aufsteigenden Schaum abschöpfen.
Den Gelee nach der Gelierprobe zügig in heiß ausgespülte Gläser füllen und diese sofort verschließen.

Merkzettel

Da die Birne früher als der Apfel blüht, ist sie im Vergleich zu ihm weniger widerstandsfähig.
Der griechische Dichter Homer nannte die Birne ein »Geschenk Gottes«.

Brombeer-Gelee

Zubereitungszeit: 45 Minuten
Kochzeit: 4 Minuten

Einkaufsliste/Zutaten

1 kg Brombeeren
500 g Gelierzucker
Saft einer Zitrone

Vorküche

Die Brombeeren verlesen und putzen. Die Früchte mit 250 ml Wasser in einem Topf zum Kochen bringen und ca. 10 Minuten leicht köcheln lassen. Die Früchte durch ein feines Sieb geben und den Saft (ergibt ca. 800 ml) auffangen.

Zubereitung

Den Saft mit Gelierzucker und Zitronensaft in einem Topf zum Kochen bringen. Das Ganze ca. 4 Minuten kochen lassen, den aufsteigenden Schaum abschöpfen.
Den Gelee nach der Gelierprobe zügig in heiß ausgespülte Gläser füllen und diese sofort verschließen.

Merkzettel

Sollte durch das Abkochen der Früchte nicht genug Saft entstehen, geben Sie einen fertigen Fruchtsaft, Apfelsaft, Brombeersaft, Traubensaft etc. hinzu.

Brombeer-Holunder-Apfel-Gelee

Zubereitungszeit: 45 Minuten
Kochzeit: 4 Minuten

Einkaufsliste/Zutaten

500 g Brombeeren
400 g Holunderbeeren
400 g Äpfel
Saft von einer Zitrone
1 kg Gelierzucker

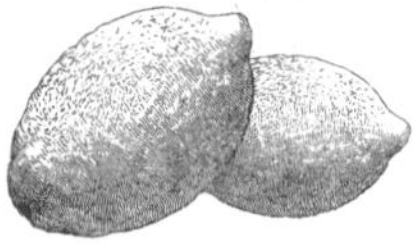

Vorküche

Die Brombeeren verlesen, waschen und in einem Topf mit 125 ml Wasser einmal aufkochen. In einem Sieb abtropfen lassen, dabei den Saft auffangen und 375 ml abmessen.
Die Holunderbeeren verlesen, waschen und von den Stielen streifen.
Die Äpfel waschen, die Kerngehäuse entfernen und die Äpfel klein schneiden. Die Holunderbeeren und die Apfelstücke in einem Topf mit 125 ml Wasser aufkochen, einige Minuten köcheln lassen, bis die Äpfel weich sind und die Beeren Saft ziehen. Auch hier das Ganze auf einem Sieb abtropfen lassen und 400 ml Saft abmessen.

Zubereitung

Die Säfte mit Zitronensaft und Gelierzucker in einem großen Topf mischen und zum Kochen bringen. Alles ca. 4 Minuten unter Rühren sprudelnd kochen lassen, dabei den aufsteigenden Schaum abschöpfen.
Den Gelee nach der Gelierprobe zügig in heiß ausgespülte Gläser füllen, diese sofort verschließen und 5 Minuten auf den Deckel gewendet stehen lassen.

Merkzettel

Zur Verarbeitung der Brombeeren zu Gelee ein paar unreife rote Beeren mitverarbeiten. Durch sie wird das Aroma intensiver.

Ebereschenbeeren-Gelee

Zubereitungszeit: 50 Minuten (ohne Wartezeit)
Kochzeit: 4 Minuten

Einkaufsliste/Zutaten

1,5 kg Ebereschenbeeren
250 ml Weißweinessig
250 ml Weißwein
1 kg Gelierzucker

Vorküche

Die Ebereschenbeeren waschen, von den Rispen streifen und verlesen. Die Früchte für 24 Stunden in die Tiefkühltruhe legen (sie verlieren dadurch etwas von ihrem bitteren Geschmack). Danach mit einer Essig-Wasser-Mischung (im Verhältnis 1:1) übergießen und über Nacht stehen lassen.

Zubereitung

Die Ebereschen durch ein Sieb abgießen, das Wasser abschütten und die Beeren in einem Topf mit dem Wein in ca. 30 Minuten weich kochen.

Das Ganze durch ein Sieb gießen und den Saft auffangen.

1 l Saft abmessen (evtl. mit Wein auffüllen) und mit Gelierzucker vermischt unter Rühren zum Kochen bringen. Das Ganze 4 Minuten sprudelnd kochen lassen, den aufsteigenden Schaum abschöpfen. Den Gelee nach der Gelierprobe zügig in heiß ausgespülte Gläser füllen und diese sofort verschließen.

Merkzettel

Immer wieder taucht die Frage auf: Sind Ebereschen nun giftig oder nicht? Die Antwort muss man differenzieren: Die in den rohen Beeren enthaltene Parasorbinsäure kann die Schleimhäute des Darms reizen und damit zu Verdauungsstörungen führen. Beim Erhitzen der Beeren wird Parasorbinsäure jedoch zur gesundheitlich unbedenklichen Sorbinsäure umgesetzt. Im gekochten Zustand sind die Beeren also harmlos und können deshalb bedenkenlos verzehrt werden.

Hagebutten-Gelee

Zubereitungszeit: 50 Minuten
Kochzeit: 4 Minuten

Einkaufsliste/Zutaten

2 kg Hagebutten
1 kg Gelierzucker
1 El geriebene Zitronenschale

Vorküche

Die Hagebutten waschen und von Stielen und Blüten befreien. Die Früchte verlesen, halbieren, die Kerne entfernen und nochmals waschen. Die Hagebutten in einem Topf mit ca. 1 l Wasser bei mäßiger Hitze weich kochen. Das Ganze durch ein Sieb gießen und 1 l Saft auffangen.

Zubereitung

Den Zucker mit dem Hagebuttensaft in einem Topf gut mischen und einige Zeit stehen lassen. Das Ganze mit der Zitronenschale unter mehrmaligem Rühren einkochen lassen, den aufsteigenden Schaum abschöpfen. Den Gelee nach der Gelierprobe zügig in heiß ausgespülte Gläser füllen und diese sofort verschließen.

Merkzettel

Unter den einheimischen Früchten hat die Hagebutte den höchsten Vitamingehalt. Ihr Mark hat 20-mal mehr Vitamin C als Zitronen, 1 El davon deckt den Vitamin-C-Bedarf eines Erwachsenen.
Im Gegensatz zu Zitronen sind Hagebutten hitzebeständig. Sie eignen sich sehr gut als Erkältungsmittel.

Heidelbeer-Gelee

Zubereitungszeit: 40 Minuten
Kochzeit: 4 Minuten

Einkaufsliste/Zutaten

1 kg Heidelbeeren
500 g Gelierzucker

Vorküche

Die Heidelbeeren verlesen, abbrausen und abtropfen lassen. Die Beeren in einem Topf mit 250 ml Wasser aufkochen lassen und bei mäßiger Hitze ca. 10 Minuten köcheln lassen. Das Ganze durch ein Sieb gießen und den Saft (ergibt ca. 800 ml) auffangen.

Zubereitung

Den Saft mit dem Gelierzucker in einem Topf vermischen und aufkochen lassen.
Das Ganze ca. 4 Minuten kochen lassen, dabei den aufsteigenden Schaum abschöpfen.
Den Gelee nach der Gelierprobe zügig in heiß ausgespülte Gläser füllen und diese sofort verschließen.

Merkzettel

Die Kulturheidelbeere hat nur eine blaue Schale.
Die echte, wilde Beere dagegen ist durch und durch blau.

Heidelbeer-Gelee mit Wacholderbeeren und Rum

Zubereitungszeit: 30 Minuten
Kochzeit: 4 Minuten

Einkaufsliste/Zutaten

1 kg Heidelbeeren
8 Wacholderbeeren
500 g Gelierzucker
3 El Rum

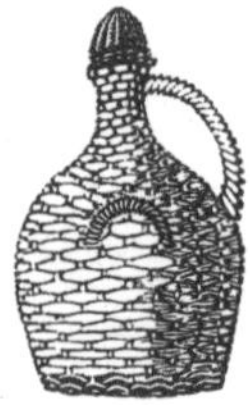

Vorküche

Die Heidelbeeren verlesen, abbrausen und abtropfen lassen.
Die Wacholderbeeren im Mörser zerdrücken und mit den Heidelbeeren in einem Topf mit 250 ml Wasser aufkochen. Alles so lange köcheln lassen, bis die Beeren platzen und Saft ziehen. Auf einem Sieb abtropfen lassen und 750 ml Fruchtsaft abmessen (evtl. mit Wasser oder Fruchtsaft auffüllen).

Zubereitung

Den Fruchtsaft mit dem Gelierzucker in einem großen Topf verrühren und zum Kochen bringen. Das Ganze ca. 4 Minuten unter Rühren sprudelnd kochen lassen, dabei den aufsteigenden Schaum abschöpfen.
Den Topf von der Herdplatte ziehen und den Rum unterrühren.
Den Gelee nach der Gelierprobe zügig in heiß ausgespülte Gläser füllen und diese sofort verschließen.

Merkzettel

Guter Rum zeichnet sich im Gegensatz zu den meisten anderen Zuckerrohrbränden durch eine lange Reifung in Holzfässern aus.

Himbeer-Gelee

Zubereitungszeit: 25 Minuten
Kochzeit: 4 Minuten

Einkaufsliste/Zutaten

1 kg Himbeeren
500 g Gelierzucker
Abgeriebene Schale von ½ unbehandelten Zitrone

Vorküche

Die Himbeeren verlesen und putzen. Die Früchte in einem Topf mit 250 ml Wasser aufkochen und bei mäßiger Hitze ca. 8 Minuten kochen lassen. Alles durch ein Sieb gießen, dabei den Saft auffangen (ergibt ca. 800 ml Saft).

Zubereitung

Den Saft mit Gelierzucker und Zitronenschale in einem Topf vermischen und zum Kochen bringen. Das Ganze ca. 4 Minuten köcheln lassen, den aufsteigenden Schaum abschöpfen.
Den Gelee nach der Gelierprobe zügig in heiß ausgespülte Gläser füllen und diese sofort verschließen.

Merkzettel

Die im Juli reifen Himbeeren sind ein untrügliches Sommerzeichen. Anders als Erdbeeren sind sie gefrierfähig, was die Himbeerfrüchte konservierfähig macht.

Holunder-Gelee

Zubereitungszeit: 25 Minuten
Kochzeit: 4 Minuten

Einkaufsliste/Zutaten

1 kg Holunderbeeren
500 g Gelierzucker

Vorküche

Die Holunderbeeren verlesen, waschen und von den Stielen streifen. Die Beeren in einem Topf mit 250 ml Wasser aufkochen und ca. 10 Minuten bei mäßiger Hitze kochen lassen. Das Ganze durch ein Sieb gießen, die Flüssigkeit auffangen (sollte 800 ml Saft ergeben).

Zubereitung

Den Saft mit dem Gelierzucker in einem Topf vermischen und aufkochen. Alles ca. 4 Minuten kochen lassen, dabei den aufsteigenden Schaum abschöpfen. Den Gelee nach der Gelierprobe zügig in heiß ausgespülte Gläser füllen und diese sofort verschließen.

Merkzettel

Die stark duftenden Blüten des Holunderstrauchs sind ein kulinarischer Genuss. Berühmt sind die Holunderküchle. Dafür wird die gesamte Holunderdolde in einen dünnen Mehlteig getaucht und in heißem Fett ausgebacken.

Johannisbeer-Gelee

Zubereitungszeit: 25 Minuten
Kochzeit: 4 Minuten

Einkaufsliste/Zutaten

1 kg rote Johannisbeeren
500 g Gelierzucker

Vorküche

Die Johannisbeeren abbrausen, abtropfen lassen, von den Sielen zupfen und verlesen. Die Beeren in einem Topf mit 250 ml Wasser zum Kochen bringen und bei mäßiger Hitze ca. 10 Minuten köcheln lassen. Das Ganze durch ein Sieb gießen, die Flüssigkeit (sollte 800 ml Saft ergeben) auffangen.

Zubereitung

Den Saft mit dem Gelierzucker in einem Topf vermischen und aufkochen. Alles ca. 4 Minuten kochen lassen, dabei den aufsteigenden Schaum abschöpfen.
Den Gelee nach der Gelierprobe zügig in heiß ausgespülte Gläser füllen und diese sofort verschließen.

Merkzettel

Der Johannisbeerstrauch bietet eine reiche Farbpalette an säuerlichen Beeren in Weiß, Gelb, Rosa, Rot und Schwarz. Je dunkler die Fruchtfarbe ist, desto herber schmecken die Beeren.

Pfefferminz-Himbeer-Gelee

Zubereitungszeit: 40 Minuten (ohne Wartezeit)
Kochzeit: 4 Minuten

Einkaufsliste/Zutaten

30 g Pfefferminze
400 g Himbeeren
350 ml Weißwein
1 kg Gelierzucker

Vorküche

Die Minzblättchen von den Stängeln abzupfen, kalt abspülen, mit 100 ml kochendem Wasser überbrühen und gut eine Stunde ziehen lassen. Dann den Sud durch ein Sieb gießen und die Blätter gut ausdrücken. Die Himbeeren verlesen, nur wenn nötig abspülen. In einem Topf mit 125 ml Wasser einmal aufkochen und auf einem Sieb abtropfen lassen, den Saft auffangen (ergibt 300 ml Saft).

Zubereitung

Den Himbeersaft, Wein und Gelierzucker in einem großen Topf mischen. Zum Kochen bringen und 4 Minuten unter Rühren sprudelnd kochen lassen, den aufsteigenden Schaum abschöpfen. Den Gelee nach der Gelierprobe zügig in heiß ausgespülte Gläser füllen und diese sofort verschließen.

Merkzettel

Pfefferminze regt den Speichelfluss und die Gallensekretion an.

Quitten-Apfel-Gelee

Zubereitungszeit: 45 Minuten
Kochzeit: 4 Minuten

Einkaufsliste/Zutaten

1 kg Quitten
500 g Äpfel
1 kg Gelierzucker
2 Zimtstangen

Vorküche

Die Quitten mit einem Tuch abreiben und waschen, Stiel entfernen und mit den Schalen und Kerngehäusen in Stücke schneiden.
Die Äpfel waschen, Stiel entfernen und ebenfalls mit Schalen und Kerngehäusen in Stücke schneiden. Quitten- und Apfelstücke mit den Zimtstangen in einem Topf mit Wasser bedeckt weich kochen.
Das Ganze durch ein Sieb gießen, den Saft auffangen (ergibt eine Flüssigkeitsmenge von 1 l).

Zubereitung

Den kalten Quittensaft mit Gelierzucker und Zimtstangen in einem Topf vermischen und unter Rühren zum Kochen bringen. Das Ganze 4 Minuten sprudelnd kochen lassen, den aufsteigenden Schaum abschöpfen und die Zimtstangen entfernen.
Den Gelee nach der Gelierprobe zügig in heiß ausgespülte Gläser füllen und diese sofort verschließen.

Merkzettel

Die Quitte ist als Obst roh ungenießbar.

Quitten-Gelee

Zubereitungszeit: 45 Minuten
Kochzeit: 4 Minuten

Einkaufsliste/Zutaten

1 kg Quitten
750 g Gelierzucker

Vorküche

Die Quitten mit einem Tuch abreiben und waschen, Stiel entfernen und mit den Schalen und Kerngehäusen in Stücke schneiden. Die Quitten in einen Topf mit so viel kaltem Wasser geben, dass die Früchte bedeckt sind, und sie zugedeckt weich kochen. Das Ganze durch ein Sieb gießen, den Saft (1 l) auffangen und mit dem Zucker vermischen. Den Saft etwas stehen lassen.

Zubereitung

Den Saft mit dem Gelierzucker in einem Topf unter häufigerem Rühren einkochen, dabei den aufsteigenden Schaum abschöpfen. Den Gelee nach der Gelierprobe zügig in heiß ausgespülte Gläser füllen und diese sofort verschließen.

Merkzettel

Früher wurden die Samen der Quitte bei Husten und Magen-Darm-Katarrhen eingesetzt.

Rotwein-Gelee

Zubereitungszeit: 5 Minuten
Kochzeit: 3 Minuten

Einkaufsliste/Zutaten

250 ml Rotwein
2 Zimtstangen
2 Gewürznelken
2 Vanillestangen
500 g Gelierzucker

Vorküche

Den Rotwein mit den Gewürzen, den aufgeschnittenen Vanillestangen und dem Gelierzucker in einem Topf vermischen.

Zubereitung

Die Rotwein-Mischung unter Rühren zum Kochen bringen und ca. 3 Minuten sprudelnd kochen lassen, dabei den aufsteigenden Schaum abschöpfen. Anschließend die Gewürze wieder entfernen. Den Gelee nach der Gelierprobe zügig in heiß ausgespülte Gläser füllen und diese sofort verschließen.

Merkzettel

Das Rotwein-Gelee passt als Beilage vorzüglich zu Wildgerichten.

Schlehen-Birnen-Gelee

Zubereitungszeit: 35 Minuten
Kochzeit: 4 Minuten

Einkaufsliste/Zutaten

1,2 kg Schlehen
1 kg Birnen (vorbereitet gewogen)
3 El Zitronensaft
1 kg Gelierzucker
40 ml Schlehenlikör

Vorküche

Die Schlehen verlesen und putzen. Die Birnen waschen und mit Schale und Kerngehäuse in Stücke schneiden. Die Früchte in einem Topf mit Wasser bedeckt zum Kochen bringen und bei mäßiger Hitze ca. 10 Minuten kochen lassen. Das Ganze durch ein Sieb abgießen, den Saft auffangen und 750 ml abmessen.

Zubereitung

Den Saft mit Zitronensaft und Gelierzucker in einem Topf vermischen und unter Rühren zum Kochen bringen, 4 Minuten sprudelnd kochen lassen, dabei den aufsteigenden Schaum abschöpfen. Den Likör unterrühren und den Gelee nach der Gelierprobe zügig in heiß ausgespülte Gläser füllen und diese sofort verschließen.

Merkzettel

Die Schlehe ist erst nach dem ersten Frost genießbar.

Weihnachtliches Brombeer-Gelee

Zubereitungszeit: 15 Minuten
Kochzeit: 4 Minuten

Einkaufsliste/Zutaten

1 kg Brombeeren
250 ml kräftiger Rotwein
½ Zimtstange
4 Gewürznelken
2 Sternanis
Je 1 Stück unbehandelte Zitronen- und Orangenschale
500 g Gelierzucker

Vorküche

Die Brombeeren verlesen, in einem Topf mit 250 ml Wasser zum Kochen bringen und ca. 3–4 Minuten bei mäßiger Hitze köcheln lassen. Die Brombeeren durch ein Sieb gießen, den Saft (ergibt ca. 750 ml) auffangen.

Zubereitung

Den Rotwein mit den Gewürzen sowie der Zitronen- und Orangenschale in einem großen Topf aufkochen. Den Brombeersaft und den Gelierzucker dazugeben und alles gut unterrühren. Das Ganze zum Kochen bringen und ca. 4 Minuten unter Rühren sprudelnd kochen lassen, dabei den aufsteigenden Schaum abschöpfen. Die Gewürze sowie die Zitronen- und Orangenschalen entfernen, die Masse nach der Gelierprobe zügig in heiß ausgespülte Gläser füllen und diese sofort verschließen.

Merkzettel

Einfacher lassen sich die Gewürze nach dem Kochen entfernen, wenn man sie vorher in einen kleinen Stoffbeutel gebunden hat.

Register